LÁ DENTRO TEM COISA

LÁ DENTRO

ADRIANA FALCÃO

ILUSTRAÇÕES DE LOLE

TEM COISA

1ª EDIÇÃO

SALAMANDRA

© Adriana Falcão, 2019

Edição de texto
Marília Mendes

Assistência editorial
Ana Caroline Eden

Coordenação de edição de arte
Camila Fiorenza

Projeto gráfico e Diagramação
Isabela Jordani

Ilustração de capa e miolo
Lole

Coordenação de revisão
Elaine Cristina del Nero

Revisão
Palavra certa

Coordenação de *Bureau*
Rubens M. Rodrigues

Pré-impressão
Ricardo Rodrigues

Coordenação de produção industrial
Wendell Jim C. Monteiro

Impressão e acabamento
Forma Certa Gráfica Digital
Lote
776075

Código
12121112

Dados Internacionais de Catalogação na Publicação (CIP)
(Câmara Brasileira do Livro, SP, Brasil)

Falcão, Adriana
  Lá dentro tem coisa / Adriana Falcão ; ilustrações de Lole. —
São Paulo : Salamandra, 2020.

ISBN 978-85-16-12111-2

  1. Literatura infantojuvenil I. Lole. II. Título.

19-27376   CDD – 028.5

Índices para catálogo sistemático:
1. Literatura infantojuvenil 028.5
2. Literatura juvenil 028.5

Cibele Maria Dias - Bibliotecária - CRB-8/9427

Todos os direitos reservados no Brasil por

Editora Moderna Ltda.
Rua Padre Adelino, 758 – Belenzinho
São Paulo/SP – Brasil – Cep: 03303-904
Vendas e Atendimento: Tel. (11) 2790-1300
www.salamandra.com.br
Impresso no Brasil
2023

Para Isadora, Catarina e Violeta

SUMÁRIO

1. SOBRE A MENINA   8

2. SOBRE O PROBLEMA   12

3. SOBRE A PASSAGEM DE TEMPO   14

4. SOBRE O PRESENTE   16

5. SOBRE O DESAFIO   18

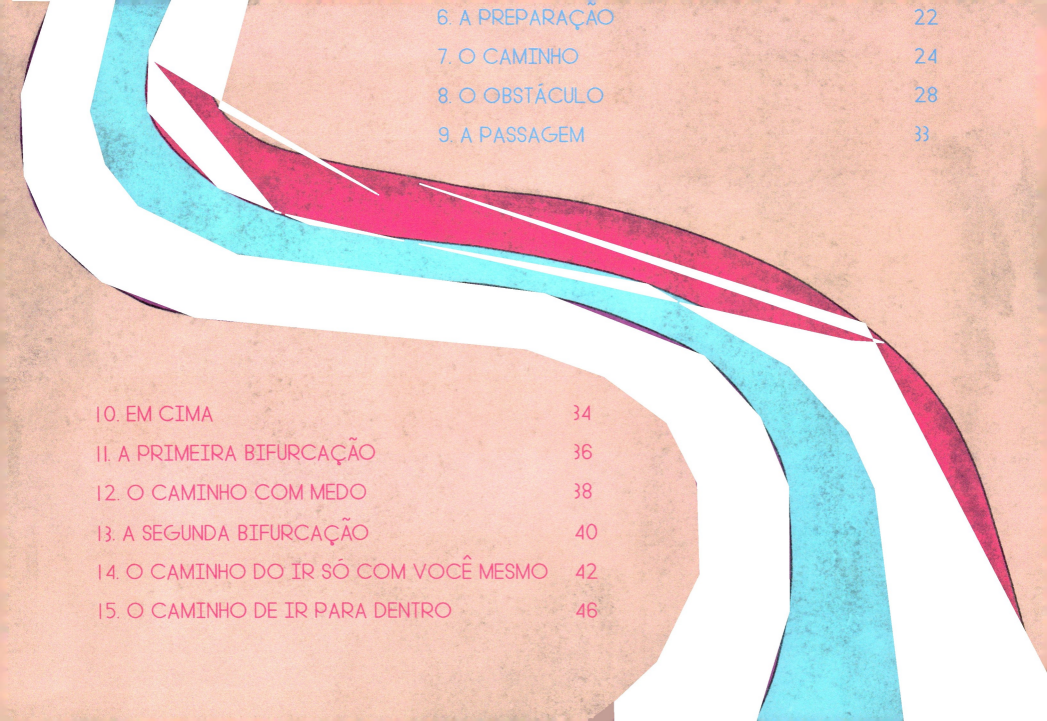

6. A PREPARAÇÃO — 22
7. O CAMINHO — 24
8. O OBSTÁCULO — 28
9. A PASSAGEM — 33
10. EM CIMA — 34
11. A PRIMEIRA BIFURCAÇÃO — 36
12. O CAMINHO COM MEDO — 38
13. A SEGUNDA BIFURCAÇÃO — 40
14. O CAMINHO DO IR SÓ COM VOCÊ MESMO — 42
15. O CAMINHO DE IR PARA DENTRO — 46

I. SOBRE A MENINA

**ão existe ninguém igual a ninguém.**

Todo mundo é diferente.

Quem é que não sabe disso?

A Menina desta história, porém, se sentia mais diferente do que todas as pessoas diferentes que existem no planeta. Uma população de mais de 7 bilhões de pessoas, e ela se sentia a mais diferente de todas. Diferente dos seus primos, dos seus vizinhos, das crianças da sua escola, de todos os seus conhecidos, e dos desconhecidos também, provavelmente.

Diferente. Esquisita. Meio torta. Desajeitada. Descabida. Inadequada.

Como se os outros fossem do jeito certo, e ela fosse do jeito errado.

É difícil ser diferente – a Menina ficava horas pensando – ser igual é muito mais fácil.

Igual a quem?

A todo mundo.

Mas todo mundo é diferente!

Isso ela já sabia.

Só não sabia como ser diferente sem se sentir pior do que os outros.

Aí vinha um monte de sentimentos ruins: insegurança, medo, incerteza, tristeza, um descontentamento com ela própria.

Que agonia.

A Menina só queria se sentir um pouco mais normal, menos estranha, um ser humano vivendo sua vida tranquilamente, só isso, mais nada.

Parecia simples?

Mas não era.

Por quê?

Questões.

Escolhas.

Decisões pedindo para serem decididas.

Quero ou não quero? Digo ou não digo? Faço isso ou faço aquilo? – a Menina vivia se perguntando, lá dentro dela.

Mas lá dentro dela era um lugar que ela não conhecia direito.

Portanto, nunca conseguia encontrar uma boa resposta.

2. SOBRE O PROBLEMA

**pai e a mãe já estavam preocupados.**

Sabiam que os pais devem criar os filhos para o mundo.

E que, para viver nesse mundo, a filha deles precisava descobrir que era capaz, que tinha valor, que tinha poder.

Que toda pessoa tem seu poder e, portanto, pode.

Que ela podia o que ela quisesse. Desde que fosse bom, é evidente.

"O que é que a gente faz? Que jeito a gente dá? Como é que a gente ajuda?"

Pais e mães também são seres cheios de perguntas.

E era um "O que é que a gente faz? Que jeito a gente dá? Como é que a gente ajuda?" que não parava nunca.

Até que, uma noite, o pai pulou da cama de repente.

– Tive uma ideia!

E antes que a mãe perguntasse "que ideia?", ele saiu logo contando.

A ideia não era ruim não.

Só tomara que desse certo.

Tomara.

Agora era só esperar chegar o dia do aniversário da Menina.

3. SOBRE A PASSAGEM DE TEMPO

**C**omo o tempo passou, o dia do aniversário da Menina chegou, finalmente.

Ela acordou toda feliz, e muito, muito, muito, muito, muito curiosa.

Também, não era para menos: os pais tinham prometido que naquele ano ela ia ganhar o melhor presente da sua vida.

Um skate?

Uma boneca que fala?

Uma boneca que pensa?

Uma boneca que fala o que pensa?

Um gato?

Um cachorro?

Um gato e um cachorro?

Foi quando o pai e a mãe entraram no quarto da Menina cantando "parabéns pra você", e não tinha nada nas mãos deles, nem pacote, nem cachorro, nem gato, coisa nenhuma.

UÉ, GENTE?

4. SOBRE O PRESENTE

Muitos parabéns.

Muitas felicidades.

Beijos.

Abraços.

Uma vontadezinha geral de chorar, de emoção, felizmente controlada.

E nada de presente.

Então o pai e a mãe começaram a falar. Não ao mesmo tempo, é claro. Um de cada vez.

Uma conversa séria.

Disseram que o tempo passa voando, como a filha tinha crescido, *vupt!*, ainda outro dia era um bebê, *ôoo!*, daqui a pouco estava uma moça, já era hora de começar a fazer suas próprias escolhas, andar com seus próprios passos, se preparar para o mundo, coisa e tal.

E nada de presente.

E eles lá falando: "Chega uma hora que é importante...". E nada de presente. "Porque na vida, a gente tem que...". Talvez eles estivessem falando até hoje, se a ansiedade da Menina não tivesse interrompido.

– E o meu presente?

– Hoje você vai sair de casa sozinha pela primeira vez na vida – a mãe contou toda orgulhosa.

– Existe presente melhor do que crescer? – o pai perguntou, com uma ponta de saudade do bebê que tinha nascido onze anos antes.

– Mas isso não é perigoso, gente? – a Menina estava surpresa.

5. SOBRE O DESAFIO

ão seria exatamente um perigo, ela sairia à luz do dia e voltaria logo.

"E além do mais..."

Os pais começaram a argumentar.

"...muitas crianças de onze anos já saem sozinhas por necessidade."

"Por falta de escolha."

"Porque não têm ninguém para levá-las e trazê-las dos lugares."

"E além do mais..."

Os argumentos faziam sentido.

Mas não era uma questão racional, era medo.

Medo de quê?

Nem todo medo se explica.

Do lado contrário do medo, no entanto, ela sentia uma ponta de vontade.

Uma pontinha.

Que logo era atropelada pelo medo.

Mas dava a volta no medo, e voltava.

Só que aí vinha o medo de novo.

Então a vontade...

"Você nem está prestando atenção no que a gente tá dizendo!"

– Desculpa, o que é que vocês estavam dizendo?

Ficou combinado que ela podia ir aonde quisesse, desde que fosse pertinho de casa.

Bem pertinho.

– Aonde?

– Você que escolhe – disse a mãe.

– O presente é seu – completou o pai.

Aonde?

Até a esquina?

Fazer o que na esquina?

Lá na estátua?

De novo olhar pra cara daquela estátua?

No poste torto?

Grande coisa o poste torto.

Antes, um pouco, no ponto de ônibus?

Com que objetivo ir até o ponto de ônibus, se não ia pegar um ônibus?

Vê que engraçado. Só naquela hora a Menina se deu conta do óbvio: a função de um caminho é levar a gente a algum lugar. De preferência, um lugar aonde a gente precise chegar. Ou queira chegar. Aonde ela queria chegar?

Que lugar?

Que lugar?

Que lugar?

Que lugar?

Que lugar?

Eita!

De repente a Menina sentiu vontade de ir a um lugar onde acontecessem histórias.

– Já sei, quero ir na livraria!

Todos bateram palmas, como se a vida fosse um bolo de chocolate com uma vela acesa em cima, mas o medo já vinha apressado, tentando alcançar a vontade pra atropelá-la ela de novo.

6. A PREPARAÇÃO

Menina vestiu seu macacão preferido, calçou um par de botas, penteou o cabelo, se olhou no espelho.

Medo, vontade, medo, vontade, medo, vontade...

Então se despediu dos pais, como quem se despede de si mesma, e saiu de casa.

Sozinha.

O coração batendo acelerado.

O pai e a mãe ficaram ali, fazendo o que os pais e as mães fazem quando uma filha sai pela primeira vez sem eles: fingindo que não estão desesperados, a ponto de arrancar os cabelos, pelo contrário, estão superconfiantes, mas e se...?, calma que tudo vai dar certo, daqui a pouco ela volta, mas e se...?, caramba, como é difícil encontrar o esconderijo da calma.

Ficaram ali, o pai e a mãe, se perguntando se tinham feito a coisa certa.

Quanta pergunta.

7. O CAMINHO

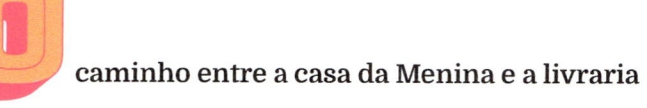 caminho entre a casa da Menina e a livraria era relativamente fácil.

Só tinha que dar vinte e três passos, chegar à esquina, atravessar a rua, passar o prédio verde alto, a loja de tecidos, uma casa velha caindo aos pedaços, e aí pronto, chegava.

Desde que a Menina era um bebê, e ainda andava num carrinho, já tinha feito esse caminho com os pais cerca de duas mil oitocentos e dezessete vezes. O cheiro das árvores, os buracos da calçada, as pessoas que passavam, algumas até com cachorros, buzinas de carro, *pein!, pein, pein!,* alguma risada ou espirro, o sinal de trânsito, vermelho, verde, é agora!, prédio, loja, casa, e, enfim, a chegada triunfal.

A melhor parte do caminho entre a casa da Menina e a livraria sempre tinha sido quando ele acabava, e começava a livraria.

Naquele dia, era diferente.

A história era o caminho. Para que a história começasse, ela tinha que dar o primeiro passo.

O primeiro passo.

O primeiro passo.

Que medo, que vontade, que medo, que vontade, e lá foi ela.

– Eu e eu, só eu, mais ninguém, apenas eu, comigo mesma, dona de mim, do meu nariz, minha cabeça, meu coração, meu corpo, minhas pernas, meus passos, minhas decisões, quero ou não quero?, vou ou não vou?, faço isso ou faço aquilo?, dona do meu futuro, mais um passo, e outro, e outro, lá vou eu, lá, lá, lá.

Coração.

Batendo.

Acelerado.

Foi quando ela chegou na esquina e não encontrou a esquina.

No lugar da esquina, tinha uma enorme porta fechada, fechando o caminho.

8. O OBSTÁCULO

**ma porta? Na calçada? Da rua? Da livraria? Assim, de repente?**

Uma porta na calçada da rua da livraria, pra resumir a história, Menina.

E, na frente da porta, um porteiro.

Sim, um porteiro na frente da porta, ora, porteiros ficam na frente de portas, isso fazia todo sentido. Em compensação, o resto!

Que resto?

Não tinha resto.

Nem calçada, nem prédio, nem loja, nem casa.

Só tinha aquela porta fechada, separando a Menina de tudo que estava na sua frente.

O porteiro foi bastante simpático, porém, como se dissesse "bom dia!", disse a seguinte frase:

– Lá dentro tem coisa, tudo junto.

– Não entendi.

– É a senha.

– Que senha?

– Pra entrar aqui.

– Não entendi de novo.

– Por enquanto não precisa entender, basta repetir: lá dentro tem coisa, tudo junto.

– Lá dentro tem coisa, tudo junto. Pronto?

– Prontíssimo. Pode entrar. Você disse a senha!

– Mas, se existe uma senha pra entrar, eu deveria saber. Você não podia ter me contado.

– Se eu não tivesse contado, como é que você ia saber?

– Era pra eu saber?

– Se você não soubesse, como é que você ia entrar?

– Muito obrigada, eu não quero entrar.

– E como é que você vai passar? Passa logo, meu anjinho, é meu trabalho, não complica. Porteiros servem para ficar na porta e deixar passar as pessoas que precisam passar.

– Eu sou obrigada a passar por aqui? – ela estava ficando irritada.

– Você não quer ir para o seu destino? – ele estava perdendo a paciência.

– E eu não posso passar por outro lugar?

– Pra ir ao seu destino?

– Não existe outro caminho?

– Todos os caminhos passam por aqui.

– Que lugar é esse aqui?

– Aqui é antes da porta, depois da porta é depois.

– É uma cidade?

– É uma passagem.

– Pra onde?

– Pro próximo minuto.

– E se eu não passar?

– O minuto passa.

– E se eu não quiser passar por aqui?

– Não passa.

– Mas eu quero seguir!

– Então, segue!

– Por que eu preciso passar por aqui pra seguir?

– Você não precisa seguir, se não quiser. Quer ficar por aqui?

– Talvez fosse melhor.

A Menina bem que pensou em dar as costas e sair correndo dali, mas sua vontade, mais uma vez, atropelou seu medo.

Mal sabia ela ainda que isso é bem importante para que entrem histórias novas.

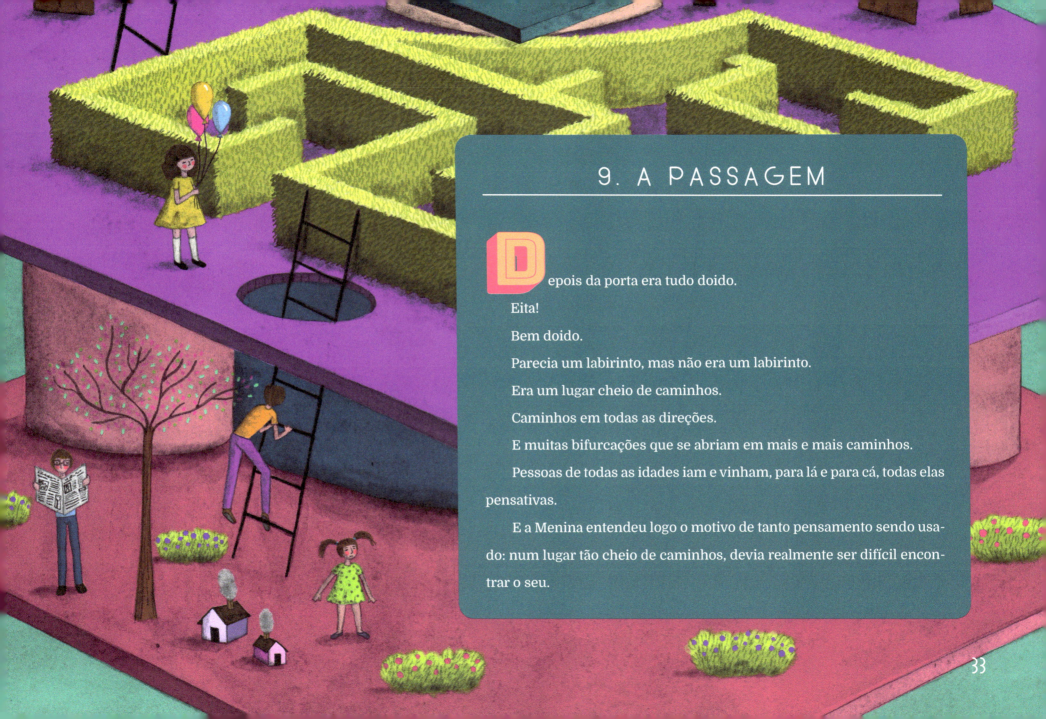

9. A PASSAGEM

Depois da porta era tudo doido.

Eita!

Bem doido.

Parecia um labirinto, mas não era um labirinto.

Era um lugar cheio de caminhos.

Caminhos em todas as direções.

E muitas bifurcações que se abriam em mais e mais caminhos.

Pessoas de todas as idades iam e vinham, para lá e para cá, todas elas pensativas.

E a Menina entendeu logo o motivo de tanto pensamento sendo usado: num lugar tão cheio de caminhos, devia realmente ser difícil encontrar o seu.

10. EM CIMA

A Menina olhou para cima, e, apesar de ser dia, era noite.

No céu estrelado, diversos objetos celestes e todas as constelações zodiacais que ela só tinha visto nos livros: Áries, Touro, Gêmeos, Câncer, Leão, Virgem, Libra, Escorpião, Sagitário, Capricórnio, Aquário e Peixes.

A constelação de Áries pediu:

– Vem pra abril, vem, menina!

A constelação de Virgem implorou:

– Não, menina, vem pra setembro.

A constelação de Aquário apelou:

– Vem pra fevereiro, aqui tem carnaval!

– Eu não sei chegar aí, eu não quero chegar aí, eu só quero ir na livraria!

– Aqui não temos livraria não – explicou a constelação de Libra. – Não serve nenhum outro futuro?

Futuro?

Livraria é lugar, não é um tempo!

Gozado – pensou a Menina – se aqui e agora não é a livraria, a livraria só pode ser depois, em outro lugar.

Lugar. Tempo. Livraria. Futuro.

Tempos e lugares se misturando, que doideira.

– Serve outro futuro ou não serve? Você está com a cabeça onde?

– No futuro – a Menina respondeu. – Adeus, vou pra livraria.

E saiu andando.

E no que olhou pra frente, viu a primeira bifurcação que iria encontrar naquele dia que era noite, ali, depois da porta.

II. A PRIMEIRA BIFURCAÇÃO

Era uma bifurcação, ou seja, um caminho que se dividia em dois.

Entre um caminho e outro, bem na frente da bifurcação, uma placa de aviso com duas setas.

Em cima da seta que indicava o caminho da direita estava escrito: "Ir sem medo".

Em cima da seta que indicava o caminho da esquerda estava escrito: "Ir com medo".

A Menina escolheu o caminho da esquerda porque não era boba.

Como ela poderia ir pelo caminho sem medo, se estava com medo, ora?

12. O CAMINHO COM MEDO

caminho do com medo poderia muito bem ser tipo um trem fantasma, cheio de monstros pra assustar a gente.

Mas não era.

Nem um pouquinho.

Longe disso.

Nenhum monstro, só borboletas.

Muitas!

Lindas!

De todas as cores.

As borboletas voavam em volta da Menina, quantas asas batendo, quanto azul, amarelo, verde, formato, desenho, curva, bolinha, tracinho, polígono, bordado, ventinho, beleza.

"Cadê o medo do caminho com medo?", pensou a Menina, quando uma borboleta vermelha pousou em seu nariz, e, como se tivesse escutado seu pensamento, a borboleta tentou explicar para ela.

– O medo do caminho do medo fica antes do caminho.

A cabeça da Menina ficou tentando compreender a frase.

– É simples, minha flor. O medo ficou antes do caminho. Lá atrás, lembra? Quando a gente teve medo de entrar no caminho que, na verdade, é apenas um caminho, entre outros tantos. E, pra poder entrar, teve que deixar lá o medo.

Estava provado.

Era uma borboleta que lia pensamento e tinha uma maneira de ver as coisas meio complexa.

– Sim, eu leio pensamento e já sei o que você deve estar pensando agora, quer que eu diga?

Mas a Menina disse primeiro.

– Onde vai dar esse caminho?

– Perfeito. Assim que a gente tira o medo do caminho, tudo se resume simplesmente a: onde vai dar esse caminho?

E a borboleta saiu voando. E a Menina deu de cara com outra bifurcação.

13. A SEGUNDA BIFURCAÇÃO

utra bifurcação.

De novo, na frente, duas placas com suas setas.

Na do caminho pra esquerda: "Ir só com você mesmo".

Na do caminho da direita: "Só ir se for com mais alguém".

Aí depende.

Que alguém?

Foi quando ela viu que na entrada do caminho "Só ir se for com mais alguém" tinha um aglomerado de gente.

Um menino saiu ali do meio e se aproximou dela, muito educado.

– Aceita ir comigo?

– Pra onde?

– Pra onde o caminho levar. Vamos juntos?

– Mas eu nem lhe conheço!

– Desculpa, não me apresentei. Eu sou um gêmeo que não tem um irmão gêmeo, muito prazer.

Ele estendeu a mão para ela, ela hesitou um instante.

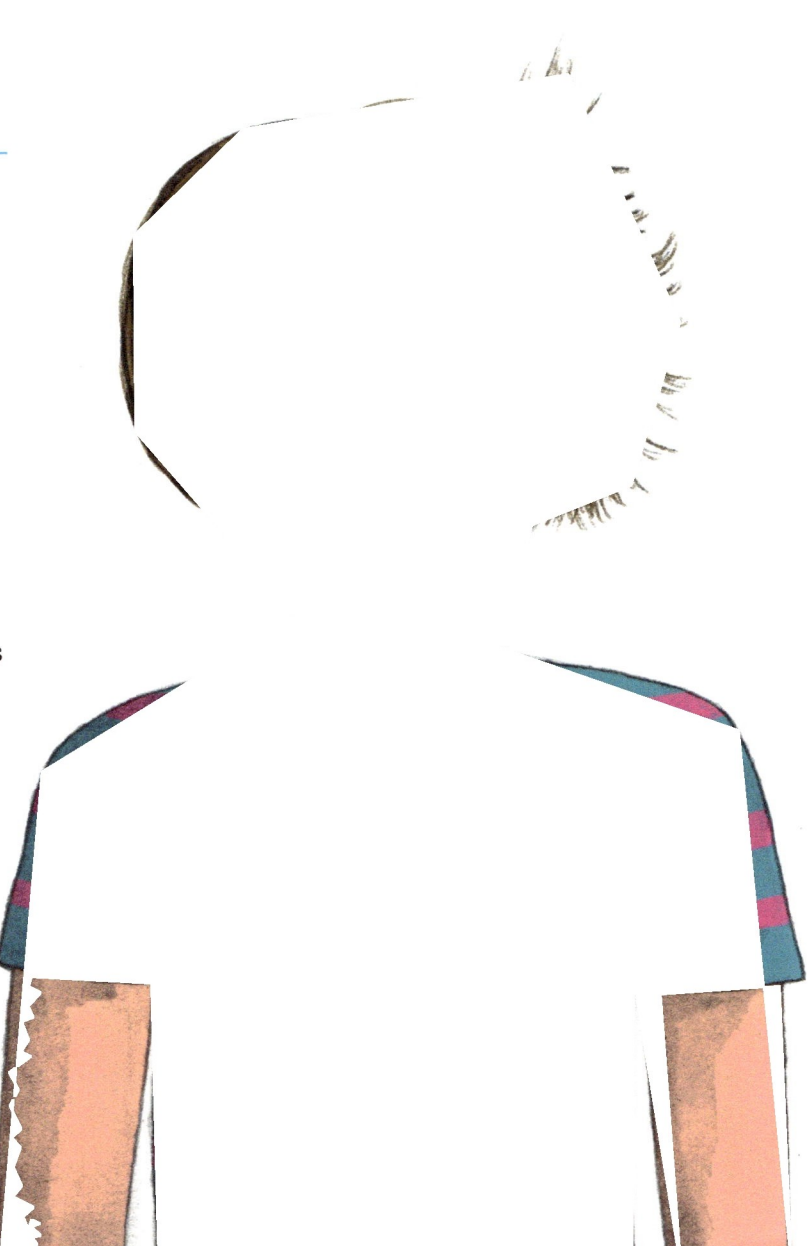

– Se você não tem um irmão gêmeo, como é que você pode ser um gêmeo?

– Aí é que está. Eu estou procurando alguém que me complete. Quer me completar?

– Mas eu não sei completar você!

– Ninguém sabe. Por isso que eu fico aqui parado. Eu não tenho saída. Portanto, não tenho caminho.

Tão triste, coitado.

– Não fica assim. Eu acho que ninguém sabe completar outro alguém.

– Não sabe porque não pode – ele respondeu. – Eis o meu drama.

E o gêmeo que não tinha um irmão gêmeo levou sua tristeza para junto do aglomerado de gente de novo.

Mais uma vez, a Menina ficou sozinha.

Afastou um monte de pensamento e focou num só: eu preciso chegar na livraria.

Eu preciso.

Eu.

Preciso.

Então ela olhou para o caminho do "Ir só com você mesmo", respirou bem fundo, e...

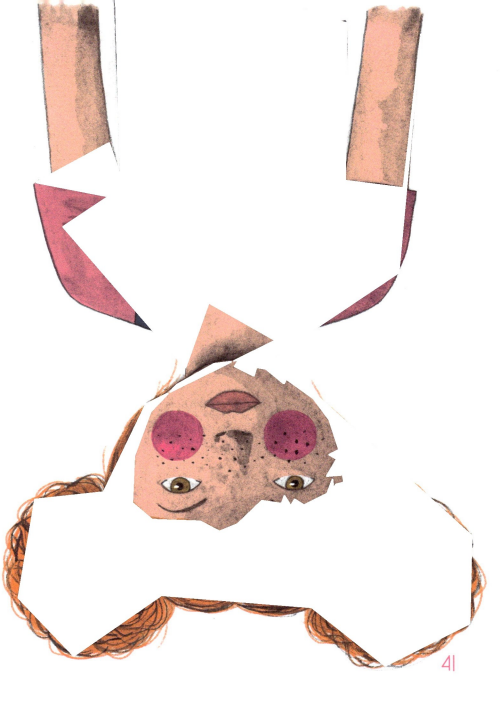

14. O CAMINHO DO IR SÓ COM VOCÊ MESMO

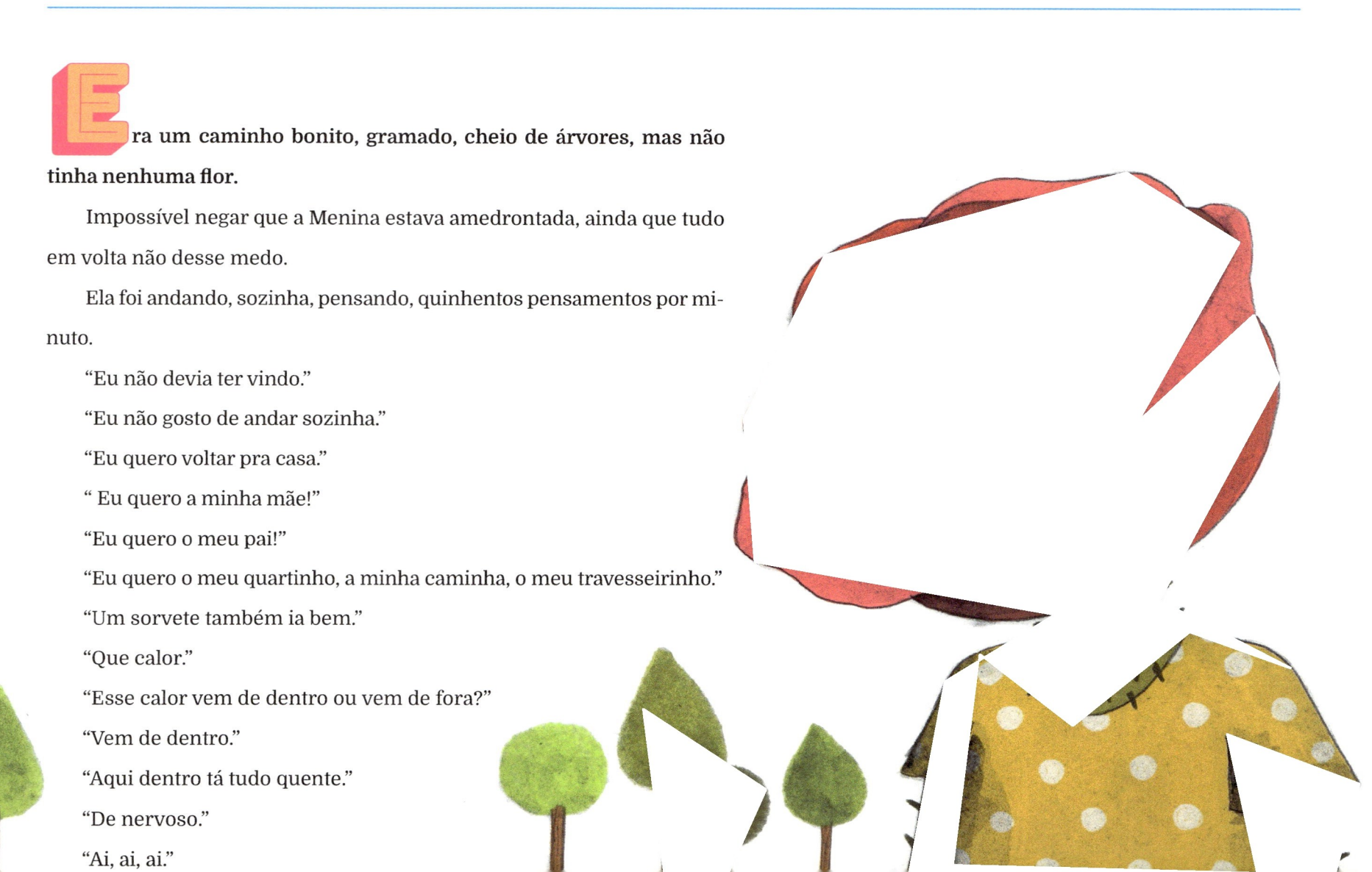

Era um caminho bonito, gramado, cheio de árvores, mas não tinha nenhuma flor.

Impossível negar que a Menina estava amedrontada, ainda que tudo em volta não desse medo.

Ela foi andando, sozinha, pensando, quinhentos pensamentos por minuto.

"Eu não devia ter vindo."

"Eu não gosto de andar sozinha."

"Eu quero voltar pra casa."

" Eu quero a minha mãe!"

"Eu quero o meu pai!"

"Eu quero o meu quartinho, a minha caminha, o meu travesseirinho."

"Um sorvete também ia bem."

"Que calor."

"Esse calor vem de dentro ou vem de fora?"

"Vem de dentro."

"Aqui dentro tá tudo quente."

"De nervoso."

"Ai, ai, ai."

"De pavor."

"Por que eu escolhi vir, meu Deus do céu?"

"Eu não escolhi."

"Foi por impulso."

"Por impulso ou não, foi uma escolha."

"Tudo quente aqui dentro."

"Eu não quero, eu não quero, eu não quero."

"Melhor voltar."

"Muito melhor."

"Eu vou voltar."

"Tudo quente aqui dentro."

"Bem quentinho."

Exatamente nessa hora, a Menina viu a primeira e única flor que havia naquele caminho. Uma rosa vermelha. Sua flor preferida.

A rosa vermelha foi logo pedindo.

– Eu quero ir com você. Me leva?

Apesar de querer levar a flor, a Menina ponderou.

– Se eu colher você, você vai morrer logo.

– É só uma maneira de ver. Eu acho que vou ter outro tipo de vida.

– Que tipo de vida?

– Tipo: minha vida era ficar parada aqui, e, se eu for com você, minha vida vai ser ir com você.

– Por pouco tempo.

– Pelo tempo que eu tenho.

– E a gente vai pra onde?

– Quando chegar lá, a gente sabe.

As duas sorriram uma para a outra como se fossem amigas há muito tempo. A Menina colheu a Rosa com cuidado e colocou no cabelo.

– Vamos?

– Bela escolha!

Com a rosa vermelha em seu cabelo, a Menina se sentiu diferente.

Era um diferente diferente do diferente que ela sentia antes.

Um diferente divertido.

Opa!

Outra bifurcação.

Dois caminhos.

Uma placa indicava "Ir para fora", e a outra indicava "Ir para dentro".

Fora de quê?

Dentro de onde?

A livraria, provavelmente, estava fora.

Ou será que estava dentro?

Sabe-se lá? Até ali, ela já tinha descoberto dentro dela tanta coisa que nem sabia que existia antes!

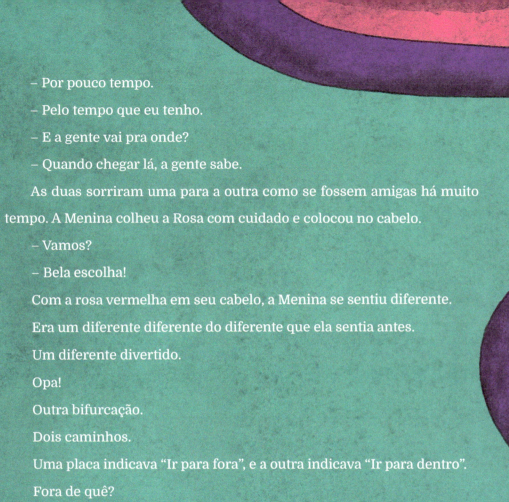

15. O CAMINHO DE IR PARA DENTRO

Esse era um caminho difícil.

Não tinha céu, borboleta, gêmeo sem gêmeo, árvore, flor, não tinha coisa nenhuma.

Coisa nenhuma concreta: nada que pudesse se tocar com os dedos ou ver com os olhos.

Tinha outro tipo de coisa.

Abstrata: coisa que, se atormentar a gente, não dá pra pegar com a mão e jogar no lixo.

E como tinha porcaria ali por aquele caminho.

Culpa, raiva, mágoa, ansiedade, tristeza, expectativa, medo.

Cada coisa pior do que a outra.

A Menina teve mais vontade de voltar do que nunca, vontade de correr, vontade de sumir, vontade de fugir.

Por que ela não fugiu?

Depois de enxergar tudo aquilo, parecia que não tinha mais

Depois de enxergar tudo aquilo, só dava para seguir se passasse p

de voltar.

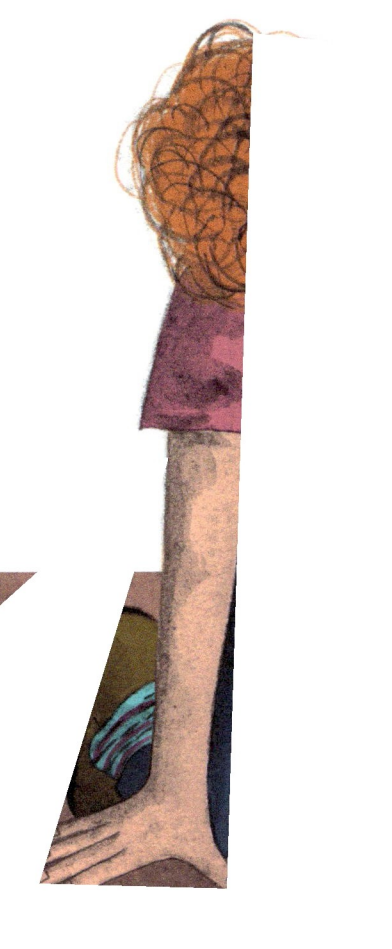

Mas lá foi ela, com sua flor no cabelo, passando por cada coisa que passava: culpa, raiva, mágoa, ansiedade, tristeza, expectativa, medo. Tudo que estava ali, estava ali, fazer o quê? Dizer que não está? Se iludir? Se enganar?

Seus pensamentos foram interrompidos pela Flor, toda feliz da vida.

– Esse é o único caminho que eu conheço. Por isso, pra mim, ele é o melhor caminho. Isso não é o máximo? Eu estou no melhor caminho!

O único caminho que eu conheço.

Isso não é o máximo?

Eu estou no melhor caminho.

As palavras da Flor ficaram enganchadas na cabeça da Menina.

Ela seguiu andando sem levar nenhum susto. Conhecia muito bem aquilo tudo: aquela culpa, aquela raiva, aquela mágoa, aquela ansiedade, aquela tristeza, aquela expectativa, aquele medo.

Só que agora conhecia melhor ainda.

Ué?

O coração da Menina parou de bater acelerado.

Ficou só batendo.

Tum, tum, tum.

Só aquilo.

Ela olhou para a Flor, mas não tinha mais Flor.

Ué?, de novo.

E a Menina olhou para frente e ali estava a livraria, igualzinha, no mesmo lugar de sempre.

Eita como o medo da gente inventa coisa maluca.

AUTORA E OBRA

Adriana Falcão é arquiteta de formação e escritora premiada de profissão.

Escreve peças de teatro, crônicas e livros para crianças, jovens e adultos.

Iniciou a sua carreira redigindo textos publicitários, ofício que tem como matéria a sua verdadeira paixão: a palavra.

Roteirista contratada da TV Globo, encanta o público com seu talento nos roteiros que cria para programas de TV (*Mister Brau, A Grande Família, Louco por Elas, As Brasileiras, A Comédia da Vida Privada*).

Foi colunista do Jornal *O Estado de S. Paulo*, da Revista *Veja Rio* e Blog da *Editora Intrínseca*.

No cinema participou de grandes sucessos como *O Auto da Compadecida*; *A Máquina*; *O Ano em que Meus Pais Saíram de Férias*; *Fica Comigo Essa Noite*; *Mulher Invisível*; *Eu e o meu Guarda-Chuva*; *Se eu Fosse Você 1 e 2* e *Desculpe o Transtorno*.

No teatro escreveu *Ideia Fixa, A Vida em Rosa, Tarja Preta* e o infantil *Mania de Explicação* (Editora Salamandra), livro premiado e um *best-seller* da literatura infantojuvenil.

Arquivo da ilustradora

A ILUSTRADORA

Lole nasceu no Rio de Janeiro, como Alessandra Lemos. Sempre teve paixão por desenhar, mas foi só em 2012 que começou a se dedicar integralmente ao desenho. Hoje, trabalha como artista plástica e ilustradora. Mas antes disso, era diretora de arte em agências de publicidade no Brasil e no exterior. Apesar de não ter levado a carreira adiante, sua experiência a ajudou a desenvolver a linguagem visual e criativa que hoje é premiada internacionalmente. É mãe da Eva e da Cloé, de 2 e 5 anos. Junto com a maternidade, veio também o prazer de levar a sua arte para os livros infantojuvenis.

LEITURA EM FAMÍLIA
Dicas para ler
com as crianças!

www.modernaliteratura.com.br/
leituraemfamilia